선사시대부터 현대사까지 흐름 꿰뚫기

KB135653

초등 **한국사** **③**

후삼국시대와 고려시대

공부한 달 :   년   월

〈3호 수업안내문 | 후삼국시대와 고려시대 〉

제목	학습목표	학습내용
1차시 고려 건국, 후삼국 통일	· 고려의 성립 과정을 견훤, 궁예, 왕건 등의 활동을 통해 이해한다. · 태조, 광종, 성종을 거쳐 고려 체제가 정비되는 과정을 이해한다.	01 후삼국 시대가 열리다! 02 왕건의 후삼국 통일 03 태조 왕건의 정책 04 고려 체제 정비(광종, 성종)
2차시 고려의 사회 모습	· 불교가 미친 영향과 신분에 따른 고려 사람들의 생활 모습을 이해한다. · 세계 여러 국가와의 활발한 교류와 외적의 침입을 극복하는 과정을 이해한다.	01 고려는 불교의 나라 02 고려 사람들의 생활 03 국제 무역항 벽란도 04 거란과 여진을 물리치다!
3차시 무신 정권과 대몽 항쟁	· 무신 정변이 일어난 원인과 무신 집권기 고려 사회를 이해한다. · 몽골의 침입과 대몽 항쟁, 공민왕의 개혁 정치를 이해한다.	01 무신들의 세상 02 무신의 횡포에 항거한 백성들 03 몽골의 침입과 고려의 항쟁 04 공민왕의 개혁 정치
4차시 고려의 문화	· 팔만대장경과 금속활자를 통해 고려의 발달한 인쇄 과학 기술을 이해한다. · 고려청자와 고려의 불교 미술을 통해 발달한 고려의 문화를 이해한다.	01 팔만대장경(1236~1251) 02 금속 활자 : 직지(1377) 03 고려청자 04 불교 미술

이 달에 배우는 한국사 연표

900	901	918	926	936
견훤, 후백제 건국	궁예, 후고구려 건국	왕건, 고려 건국	발해 멸망	후삼국 통일

956	982	993	1019	1107
광종, 노비안검법 실시	최승로, 시무28조	서희의 담판	강감찬, 귀주대첩	윤관, 여진 정벌

1170	1231	1232	1236	1270	1392
무신 정변	몽골 침입	강화도 천도	팔만대장경 새김	개경 환도	고려 멸망

1 고려 건국, 후삼국 통일

학습목표

- 고려의 성립 과정을 견훤, 궁예, 왕건 등의 활동을 통해 이해한다.
- 태조, 광종, 성종을 거쳐 고려 체제가 정비되는 과정을 이해한다.

학습내용

01 후삼국 시대가 열리다!
02 왕건의 후삼국 통일
03 태조 왕건의 정책
04 고려 체제 정비(광종, 성종)

공부하고 스스로 평가하기

후삼국 시대가 어떻게 성립되었는지 말할 수 있다.	☆☆☆☆☆
왕건의 후삼국 통일 과정을 말할 수 있다.	☆☆☆☆☆
태조 왕건의 정책에 대해 말할 수 있다.	☆☆☆☆☆
광종과 성종의 정책에 대해 말할 수 있다.	☆☆☆☆☆

통일신라 말기의 혼란을 틈타 견훤이 후백제, 궁예가 후고구려를 세우면서 삼국 시대에 이어 다시 세 나라가 경쟁하는 후삼국 시대가 열렸습니다.

기울어 가는 통일신라

삼국을 통일한 신라는 한동안 번영을 누렸으나 8세기 후반부터 귀족들의 왕위 다툼과 농민 봉기로 나라가 점점 기울어 갔다. 이 혼란을 틈타 지방에서 군사력과 경제력을 갖춘 호족들이 나타났고, 그들 중 견훤과 궁예는 신라로부터 독립한 자신들의 나라를 세웠다. 힘이 약해진 신라는 수도인 금성 부근만 겨우 지킬 뿐, 호족들을 막아낼 힘이 없었다.

봉기(蜂벌봉 **起**일어나기) : 벌떼처럼 많은 사람이 한꺼번에 들고 일어남
호족(豪호걸호 **族**무리족) : 신라 말에서 고려 초에 활동한 지방 세력으로서 장군, 성주, 호걸 등으로 불렸다.

견훤의 후백제(900)

견훤은 어려서부터 힘이 세고 용감했다. 그 용맹함을 인정받아 신라의 군인이 되었는데, 신라 왕실이 무너져 가고 전국에서 농민 봉기가 일어나자 견훤은 전라도 지역에서 신라의 성들을 하나씩 빼앗아 자기 세력을 키워 나갔다. 이렇게 세력을 키운 견훤은 완산주(전주)에 도읍을 정하고 후백제를 세우고 오늘날 전라도와 충청도, 경상도 서쪽 지역까지 차지하였다.

궁예의 후고구려(901) → 왕건의 고려(918)

궁예의 후고구려 신라 왕족 출신으로 알려진 궁예는 경기도, 강원도, 황해도 지역을 차지하고 송악(개성)을 도읍으로 후고구려를 세웠다. 궁예는 도읍을 철원으로 옮기고 나라 이름을 태봉으로 바꾸었다. 궁예는 스스로를 미륵불이라 부르면서 자신이 지은 불경을 받들게 하고 신하들을 의심하여 죽이고 왕비와 왕자들까지 죽이는 등 난폭하게 나라를 다스려 점차 백성과 호족들의 원망을 샀다.

왕건의 고려 건국 송악의 호족이었던 왕건의 집안은 궁예의 세력이 날로 강해지자 궁예 밑으로 들어가 신하가 되었다. 왕건은 전쟁에서 많은 승리를 거둬 궁예의 신임을 얻고 호족과 백성들의 지지를 얻었다. 이러한 지지를 바탕으로 왕건은 918년 궁예를 몰아내고 왕위에 올랐다. 왕건은 고구려를 계승한다는 뜻에서 나라 이름을 고려로 바꾸고, 다음해 수도를 철원에서 다시 송악으로 옮겼다.

1 신라가 힘이 약해지게 된 이유 두 가지를 옆의 글에서 찾아 <u>쓰고</u>, 지도에서 신라의 영토를 찾아보세요.

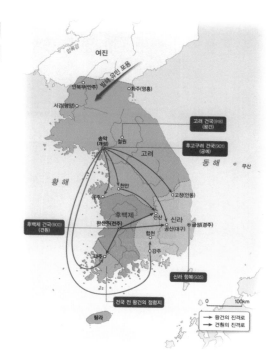

2 군사력과 경제력을 갖춘 견훤과 궁예 같은 지방 세력을 무엇이라 부르나요?

3 견훤과 궁예는 나라 이름을 왜 후백제, 후고구려라고 했을까요?

4 후삼국 시대의 삼국은 어느 나라를 말하나요? 이들이 세운 나라와 도읍지를 바르게 연결하고 지도에서 찾아보세요.

박혁거세 •	• 신라 •	• 완산주 •	경주
견훤 •	• 후백제 •	송악 •	개성
궁예 •	• 후고구려 •	금성 •	전주

5 왕건은 고려를 세운 후 수도를 왜 송악으로 옮겼을까요?

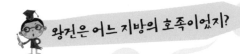

왕건은 어느 지방의 호족이었지?

왕건은 고려 건국 후 18년 만에 후백제를 물리치고 후삼국을 통일하여 후삼국을 통일하여 진정한 민족 통일을 이루어 냈습니다.

견훤과 왕건의 대결(공산 전투와 고창 전투)

안동 차전놀이

신라는 이미 기울어 가고 있었기 때문에 후삼국을 둘러싼 힘겨루기는 견훤과 왕건의 대결로 모아졌다. 927년 견훤이 먼저 신라를 공격하자 신라는 고려에 지원병을 요청했다. 왕건의 지원병이 도착하기 전에 견훤은 경주를 점령해 신라의 경애왕을 욕보여 죽게 한 후 경순왕을 왕으로 앉혔다. 신라의 구원 요청을 받은 왕건은 몸소 군사를 이끌고 출전했지만 공산(대구 팔공산) 전투에서 견훤한테 크게 패하고 겨우 목숨만 건져 도망쳤다. 그로부터 3년 후인 930년 왕건은 다시 한번 고창(경상북도 안동)에서 견훤과 싸웠는데, 이 전투에서 왕건은 큰 승리를 거두어 경상도 지역을 차지했다. 안동 차전놀이는 이때 왕건과 견훤의 싸움에서 유래한 놀이라고 한다.

왕건의 승리(신라와 후백제의 멸망)

926년 발해가 거란의 침략으로 멸망하자 발해 유민 수만 명이 고려에 귀순해 왔다. 더군다나 935년에는 견훤의 큰아들 신검이 왕위를 빼앗고 견훤을 금산사에 가두어 버렸다. 화가 난 견훤은 금산사를 탈출하여 왕건한테 항복하고 원수를 갚아 달라고 했다. 왕건은 견훤을 극진하게 대접했다. 그해 10월에는 신라의 경순왕이 스스로 나라를 왕건한테 넘겨 주었고, 왕건은 경순왕을 견훤처럼 극진히 대접했다. 936년 왕건은 견훤과 함께 대군을 이끌고 후백제를 공격하여 일리천 전투에서 신검의 항복을 받고 대승을 거두어 후삼국을 통일했다.

936년 후삼국 통일의 의의

개태사 삼존 석불

왕건은 신라가 삼국을 통일한 지 약 200여 년 만인 936년에 한반도를 다시 통일했다. 왕건은 후삼국 통일을 기념하여 백제와 최후의 결전을 벌였던 곳에 개태사라는 절을 세워 후백제 백성들을 위로했다. 고려의 후삼국 통일은 신라가 당나라의 힘을 빌려 삼국을 통일한 것과 달리 외세의 힘을 빌리지 않은 자주적인 통일이었고, 후백제와 신라뿐 아니라 발해 유민까지 받아들인 진정한 민족 통일이었다. 이 덕분에 고려는 삼국의 다양한 문화를 토대로 새로운 문화를 만들어 낼 수 있었다.

1 다음 지도를 보면서 왕건(고려)의 후삼국 통일 과정을 정리해 보세요.

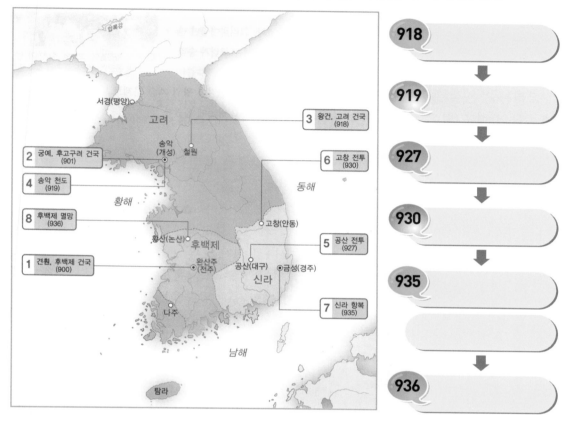

918

919

927

930

935

936

2 왕건의 후삼국 통일이 신라의 삼국 통일과 다른 점은 무엇인가요?

3 충청남도 논산의 개태사에 가면 당시 사용했던 커다란 솥이 아직까지 남아 있습니다. 무려 1000여 명이 먹을 수 있을 정도로 큰 무쇠솥입니다. 당시 후 백제 백성들은 이 솥을 보고 무엇이라 했을지 상상해서 써 보세요.

개태사 무쇠솥(지름 3m, 높이 1m, 둘레 9.4m)

03 태조 왕건의 정책

태조 왕건은 후삼국 통일 전쟁으로 갈라진 백성들의 마음을 하나로 모으고, 각 지방에서 일어난 호족 세력을 통합하기 위해 노력했습니다.

태조 왕건의 정책

고려는 많은 호족 세력들의 도움으로 세워진 나라였기 때문에 호족들의 협조 없이는 나라를 다스리기 힘들었다. 왕건은 호족들의 지지를 얻기 위해 그 딸들을 아내로 맞이하고 관직과 토지를 주거나 왕씨 성을 내려 주었다. ㉠그래서 왕건은 부인이 29명, 자식이 34명이나 되었다. 왕건은 이렇게 호족들을 끌어안고 신라, 후백제의 유민들을 포용하고 발해의 유민까지 받아들이는 민족 통합 정책을 펼쳤다. 또한 후삼국으로 갈라져 서로 전쟁을 치른 백성들의 상처 입은 마음을 하나로 모으기 위해 불

고려 태조 왕건 어진

교를 장려했고, 고구려를 계승한 나라이니만큼 고구려의 옛 땅을 되찾기 위해 북진 정책을 펼쳤다. 그 결과, 신라가 통일하면서 빼앗겼던 평양 지역을 되찾고 영흥만까지 진출했다. 그 이후 왕건은 평양을 서경으로 삼고 서경을 중심으로 북진 정책을 펼쳤다.

태조 왕건의 유훈 – 〈훈요 10조〉

왕건은 죽기 전에 후대 왕들을 위해 고려를 어떻게 이끌어 나가야 할지를 밝히는 열 가지 지침을 남겼다. 이것을 '훈요10조'라고 한다. 이후 〈훈요10조〉는 고려 왕들이 나라를 다스리는 주요한 토대가 되었다.

왕건 왕릉(개성, 북한 국보 179호) ▶

〈훈요10조〉

1조 불교의 힘으로 나라를 세웠으니 불교를 숭상하라.

2조 모든 절은 풍수지리설에 따라 세우고 함부로 짓지 마라.

3조 왕위는 맏아들이 계승하는 것을 원칙으로 하되, 맏아들이 현명하지 못하면 다음 아들에게 물려주고, 그 아들도 현명하지 못하면 형제 중에서 여러 사람의 추대를 받은 자에게 물려주어라.

4조 우리나라는 사람과 땅이 중국과 다르니 중국의 제도를 억지로 따르지 말고, 거란은 짐승과 같은 나라이니 복식과 제도를 본받지 마라.

5조 2, 4, 8, 11월 중 서경(평양)에 가서 1년에 100일 이상 머무르며 서경을 중시하라.

6조 연등회는 부처님을, 팔관회는 하느님과 산천의 신을 섬기는 행사인데, 이것을 원칙대로 행하라.

7조 신하의 의견을 존중하고 백성의 부역을 줄이도록 하라.

10조 옛 경전과 역사서를 많이 읽어 나라 다스리는 일에 거울로 삼아라.

1 왕건은 누구의 도움으로 고려를 건국하고 후삼국을 통일할 수 있었나요?

2 왕건이 ㉠처럼 부인과 자식이 많은 이유는 무엇인가요?

3 태조 왕건이 다음과 같은 정책을 펼친 이유는 무엇인가요?

민족 통합 정책

북진 정책

불교 중시 정책

위의 지도에서 태조의 북진 정책으로 되찾은 영토를 찾아보세요.

4 '훈요10조'란 무슨 뜻인가요?

訓　要　十　條
가르칠 훈　중요할 요　열 십　가지 조

5 〈훈요10조〉를 잘 읽어 보면 고려의 사회 모습을 알 수 있습니다. 다음은 몇 조를 보고 알아낸 내용일까요?

1 고려는 불교를 중시했다. 　　조　　　조

2 고려는 중국을 가까이 하고 거란을 멀리하였다. 　　조

3 고려는 서경을 중시하고 북방의 동향을 항상 주시했다. 　　조

왕건의 뒤를 이어 광종은 노비안검법과 과거 제도로 왕권을 강화했고, 성종은 유교를 국가 통치 이념으로 삼았습니다.

광종 : 노비안검법, 과거 제도 실시

943년 왕건이 세상을 떠나고 왕건의 장남 왕무가 왕위를 이어받아 혜종이 되었다. 하지만 여러 왕자들의 왕위 다툼으로 혜종은 암살 위협에 시달리다 2년 만에 세상을 떠나고, 3대 임금 정종도 4년 만에 세상을 떠났다. 25살에 왕위에 오른 고려 4대 임금 광종은 왕실을 안정시키기 위해서는 호족들의 힘을 약화시켜야 한다고 생각했다.

장양수 홍패(경상북도 울진) 1205년 과거 급제 합격증

광종은 왕권보다 더 강한 호족들의 힘을 빼앗기 위해 '노비안검법'을 실시했다. 노비안검법은 호족들이 데리고 있는 노비들을 검사해서 억울하게 노비가 된 사람들을 다시 양인 신분으로 풀어 주는 것이다. 호족들이 데리고 있던 노비들이 양민이 되면 호족은 힘을 잃고, 세금을 내는 양민이 많아지면 왕의 힘은 더 강해진다. 또 관직을 독차지하고 있던 귀족들의 힘을 약화시키기 위해 과거 제도를 실시했다. 과거제란 시험을 통해 관리를 뽑는 제도이다. 과거를 통해 등용된 관리는 왕에게 충성하기 때문에 과거제는 왕권 강화에 도움이 되었다. 과거제의 시행으로 고려에서는 가문이 좋지 않거나 지방 출신인 사람들도 능력이 뛰어나면 관리가 되어 출세할 수 있었다. 이를 통해 고려는 신라에 비해 중앙과 지방의 차별이 줄어들었다.

성종 : 최승로의 〈시무28조〉를 받아들이다

22살에 고려의 6대 임금이 된 성종은 유교를 정치의 기본 이념으로 확립하고자 하였다. 성종은 왕위에 오르자마자 정5품 이상의 모든 관리에게 시무와 관련한 상소를 올리라고 명령하였다. 이 때 유학자 최승로가 고려의 5대 왕에 대한 평가와 함께 28조에 달하는 시무책을 올렸다. 성종은 최승로의 〈시무28조〉 상소를 받아들여 유교를 정치 이념으로 삼고 최승로가 권하는 대로 나라의 제도를 정비해 나갔다. 나랏일은 관리들과 의논하여 결정했고, 과거제로 직접 뽑은 관리를 지방에도 파견하여 왕명을 지방에까지 전달하고 백성들의 어려움을 살피게 했다. 〈시무28조〉는 오늘날 22조만 전해진다.

| **시무(時때시 務힘쓸무)** : 그때 힘쓸 일 : 그 시대에 중요하게 다루어야 할 일

1 광종이 실시한 노비안검법과 과거제의 뜻을 설명하고, 이 두 정책이 어떻게 왕권을 강화했는지 설명해 보세요.

奴 婢 按 檢 法
종 노 여자종 비 살필 안 검사할 검 법 법

科 擧 制
과목 과 들 거 제도 제

2 과거제를 실시한 고려의 사회 모습은 신라와 비교하여 무엇이 달라졌나요?

3 다음 최승로의 〈시무28조〉를 큰소리로 읽고, 다음 항목을 강조한 조항을 찾아 써 보세요.

왕의 처신 ----------

정치 제도 ----------

유교 강조, 불교 경시 ----------

최승로의 시무28조(일부)

1. 왕은 상과 벌을 분명히 하여 선한 행동은 권하고 악한 행동은 벌해야 한다.
2. 함부로 90절을 짓는 것을 금해야 한다.
3. 지방에 관리를 파견하여 백성을 보살피도록 해야 한다.
4. 북방의 오랑캐에 대비해 군사를 길러야 한다.
5. 불교를 믿는 것은 내세의 복을 구하는 일이고 유교로 나라를 다스리는 것은 오늘의 급한 일이니 현재 필요한 것을 버리고 지극히 먼 내세에 힘쓰는 것은 옳은 일이 아니다.
6. 불교 행사를 지나치게 크게 하는 것은 백성에게 부담을 주는 일이니 줄여야 한다.
7. 왕은 신하를 공손하게 대하며, 법에 따라 일을 처리하면 위업을 이룰 수 있다.
8. 관리들의 복식을 정해야 한다.

역사 상상력 업

토론하기

후삼국 시대의 세 영웅인 견훤, 궁예, 왕건 중 왕건이
후삼국을 통일했습니다. 세 인물이 한 일을 말풍선에 써 넣으면서
왕건이 후삼국을 통일할 수 있었던 힘이 무엇인지 토론해 보세요.

2 고려의 사회 모습

학습목표

- 불교가 미친 영향과 신분에 따른 고려 사람들의 생활 모습을 이해한다.
- 세계 여러 국가와의 활발한 교류와 외적의 침입을 극복하는 과정을 이해한다.

학습내용

01 고려는 불교의 나라
02 고려 사람들의 생활
03 국제 무역항 벽란도
04 거란과 여진을 물리치다!

공부하고 스스로 평가하기

불교가 고려 사회에 끼친 영향을 말할 수 있다.	☆☆☆☆☆
신분에 따라 다른 고려 사람들의 생활 모습을 말할 수 있다.	☆☆☆☆☆
고려의 국제 무역항 벽란도에 대해 말할 수 있다.	☆☆☆☆☆
고려가 거란과 여진을 물리친 과정을 말할 수 있다.	☆☆☆☆☆

불교는 고려 초기부터 국가의 지원을 받으며 왕실과 수도를 중심으로 발전하면서 지방으로 널리 퍼져 백성들의 일상 생활에도 영향을 주었습니다.

백성의 마음을 하나로 모으자

태조 왕건이 불교를 장려하라는 유언을 남겼듯이, 고려는 불교의 나라였다. 물론 개방적인 고려 사회에서는 불교뿐 아니라 유교, 도교, 무속신앙 등 여러 종교가 함께 어우러져 발달했지만 특히 불교는 왕실과 귀족, 일반 백성들에 이르기까지 모두 믿었던 종교로 고려 사회 전반에 많은 영향을 미쳤다. 고려는 연등회와 팔관회 같은 불교 행사를 국가 행사로 크게 열었다. 매년 초 부처님께 불공을 드리는 연등회는 궁궐과 전국 곳곳에 수많은 연등을 밝히고 밤새도록 행렬을 지어 돌아다니며 소원을 빌었다. 매년 가을 추수가 끝난 후 고려를 지켜 주는 산천의 신령님께 제사를 드리는 팔관회는 탐라, 송나라, 여진, 일본의 상인들까지 참여하여 고려인들과 같이 어울렸다. 또한 호족 세력들은 지방 곳곳에 돌이나 바위를 이용하여 커다란 불상을 만들어 백성들한테 자신들의 힘을 과시하고 백성들의 마음을 얻고자 노력했다.

관촉사(충남 논산, 고려 광종 때 지은 절)

석조미륵보살입상

불교가 일상생활에 미친 영향

고려 시대에는 승려를 대상으로 한 과거로 승과가 있었고, 대각국사 의천처럼 왕자나 귀족이 승려가 되는 경우도 있었다. 이처럼 고려 시대에 승려는 사회의 지배층에 속했고, 절은 경제 활동의 중심지 역할을 했다. 절에서 필요한 물건을 사고파는 사람들이 절에 모여들었고, 절은 농민들에게 땅과 곡식을 빌려 주고 그 대가를 받거나 여행자를 위한 숙박 시설을 운영했다. 나라에서 받은 땅에다가 활발한 경제 활동으로 경제력을 키운 절은 많은 노비와 땅을 소유했고, 절의 경계에는 장생표를 세워 절의 땅임을 알렸다. 또한

통도사 장생표

불교는 예술, 건축, 음식, 경제 등 일상생활에 영향을 미쳐 전국에 절이 세워졌고 불상, 불화, 석탑 등 다양한 불교 문화재가 만들어졌다. 살아 있는 생명을 함부로 죽이지 말라는 불교의 가르침 때문에 백성들은 주로 채소를 먹고 차를 마시는 습관을 가지게 되었다.

1 연등회와 팔관회가 무엇인지 다음 그림과 낱말을 이용하여 설명해 보세요.

부처님

연등　　행렬

신령님

외국　　사신

2 다음은 고려의 호족 세력들이 세운 불상입니다. 호족들은 왜 이렇게 거대한 불상을 만들었을까요?

파주 용미리 석불

안동 이천동 석불

3 고려 시대의 불교에 대한 다음 설명이 옳으면 ○, 옳지 않으면 ✕ 하세요.

1 불교는 왕족과 귀족 중심의 종교로 백성들의 삶과는 거리가 멀었다. ◯

2 승려는 사회의 지배층에 속했다. ◯

3 고려 사람들은 불교의 영향으로 주로 육식을 하고 차를 즐겨 마셨다. ◯

4 절은 승려들의 공간이므로 상인이나 외부인이 자유로이 드나들 수 없었다. ◯

5 불교는 모든 사람이 평등하다고 여겼기 때문에 절에 노비를 두지 않았다. ◯

6 절이 워낙 넓다 보니까 절의 영역을 표시하는 장생표를 세워 놓았다. ◯

고려의 신분은 귀족, 중류층, 양인, 천민으로 나누어져 있었습니다. 각 신분에 따라 사는 곳, 집, 음식, 입는 옷이 달랐습니다.

신분에 따라 다른 삶

귀족은 왕족을 비롯한 고위 관리로 높은 벼슬과 많은 토지를 가지고 고려의 지배층을 이루었다. 고려는 과거 제도를 실시하여 왕권을 강화하고자 노력했으나 실제로는 귀족들이 권력을 거의 독차지했다. 귀족들은 왕실이나 같은 귀족 집안끼리 혼인하여 자신의 지위와 권력을 지켜 나갔다. 높은 벼슬을 차지한 문벌 귀족은 나라에서 많은 땅을 받았고, 자신의 권력을 이용하여 자식에게 지위를 물려주면서 그 힘을 강화했다. 이들은 크고 화려한 집에서 시, 그림, 음악을 즐기는 등 귀족만의 수준 높은 문화를 누렸다.

중류층은 궁궐의 실무를 담당하는 관리, 중앙의 하급 관리, 지방 행정을 도와주는 향리, 그리고 하급 장교 등이었다.

양인들은 주로 농민으로 백성의 대부분을 이루고 있었다. 이들은 농사를 지어 생산한 곡식의 일부분을 세금으로 냈으며 나라에서 하는 일에 동원되었다. 양인에는 농민 이외에 상인, 수공업자 등이 있었다.

천민은 신분 제도에서 가장 낮은 계층을 이루고 있었다. 천민에는 노비를 비롯하여 화척(도살업자), 진척(뱃사공), 재인(광대) 등이 있었다. 이들은 세금은 내지 않았지만 주인의 재산으로 취급되어 고달픈 삶을 살았다.

고려 시대 여성들의 삶

고려 시대에는 남녀를 크게 차별하지 않았다. 족보에도 아들만 올리는 게 아니라 태어난 순서대로 딸, 아들 구별하지 않고 올렸고, 결혼하면 신랑은 신부 집(처가)에 가서 살았다. 처가살이가 일반적이었으니 여자들의 경제권도 강했다. 부모가 죽으면 아들과 딸은 똑같이 재산 상속을 받았고, 부모의 제사도 아들과 딸이 돌아가며 모셨다. 결혼한 뒤에도 여자의 재산은 보호를 받았고 자기 재산을 마음대로 처리할 수 있었다. 남편이 죽으면 성인이 된 아들이 있어도 아내가 호주가 되었다. 그래서 여자의 이혼이나 재혼이 어렵지 않았다. 남녀 차별이 심해진 것은 조선 시대에 들어와서이다.

박익 묘 벽화의 여인들
(고려 관리 박익의 무덤에서 발견된 벽화)

1 다음 ㉠ ~ ㉣에 고려 시대의 신분을 써 넣으며 정리해 보세요.

㉠
㉡
㉢
㉣

고려의 최고 귀족을 무엇이라 부르나요?

오늘날 통역관은 어느 계층에 속하나요?

국가를 부강하게 하는 계층은 누구인가요?

화척, 진척, 재인이 누구인가요?

2 다음 그림에서 농민과 귀족을 찾고, 무엇을 하고 있는지 말해 보세요.

농민

귀족

미륵하생경 변상도(1350년 고려 불화)

3 고려 시대 여성의 삶의 모습과 다른 것을 찾아 바르게 고쳐 보세요.

① 족보에는 아이가 태어난 순서대로 아들과 딸 모두 올렸다.

② 결혼하면 여자는 남자 집에 가서 살았다.

③ 여자가 결혼하면 재산을 포기해야 했다.

④ 여자가 이혼하면 절대 재혼할 수 없었다.

⑤ 부모가 죽으면 맏아들이 모든 재산을 상속받았다.

⑥ 부모가 죽으면 아들과 딸이 돌아가며 제사를 지냈다.

고려는 세계의 여러 나라와 활발히 교류했으며, 개경에서 가까운 벽란도는 당시 국제 무역 항구로 번성했습니다.

세계와 활발하게 교류한 고려

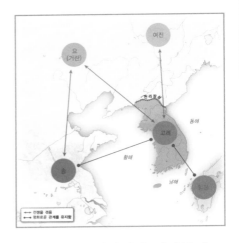

고려는 송, 거란(요), 여진(금) 등 주변 여러 나라와 외교 관계를 가지고 활발하게 교류했다. 고려는 발해를 멸망시킨 거란은 배척했으나 송나라와는 특히 활발하게 교류했고 일본, 동남아시아, 아라비아 상인들과도 거래했다. 당시 고려에서 국제 무역을 했던 곳은 수도 개경과 이어지는 예성강 하구의 벽란도였고, 개경에는 수백 명의 송나라 상인들이 거주하며 무역을 할 정도였다. 고려는 송나라 상인들한테 책, 약재, 비단, 문구, 도자기, 악기 등을 수입했고, 송나라 상인들은 고려에서 금, 은, 구리, 인삼, 종이, 잣, 나전칠기, 모시, 화문석 등을 사갔다. 또 벽란도에 온 아라비아 상인들이 고려를 '코레아' 로 불러 오늘날 우리나라가 전 세계에 '코리아' 로 알려지게 되었다.

고려의 국제 무역항 – 벽란도

벽란도는 황해로 흘러드는 예성강 하구에 자리잡은 항구로, 개경으로 가는 입구였다. 수심이 깊어 큰 배도 자유롭게 지나다닐 수 있었고 뱃길이 빨라 무역항으로 크게 발전했다. 원래 예성항으로 불렀으나 그 곳에 있던 벽란정을 따라 벽란도라고 이름붙였다. 고려 수도인 개경과 가까이 있어 당시 국제 무역 항구로 발전했다. 이곳에서 개경까지는 동서로 도로를 만들어 놓았고, 뱃사공을 배치하여 사신이 개경에 갔다 올 때까지 배를 지키게 하였다. 벽란도는 새로운 문물을 가장 빠르게 만날 수 있는 곳이었다. 고려는 벽란도로 들어온 새로운 문물을 자연스럽게 받아들이고 이것을 더욱 발전시켜 높은 수준의 문화를 이루었다. 이러한 교류로 고려는 더욱 개방적인 사회의 모습을 띠게 되었다.

벽란도(碧푸를벽 **瀾**물결란 **渡**나루도**) : 푸른 물결의 나루터** : 황해도 예성강 하구에 있는 고려 시대의 국제 무역 항구. 벽란도의 도는 섬을 뜻하는 것이 아니라 배가 드나드는 나루를 뜻한다.

1 다음 지도를 보고 물음에 답하며 세계와 활발하게 교류한 고려를 이해합시다.

▲ 아라비아 상인들이 고려에 온 바닷길

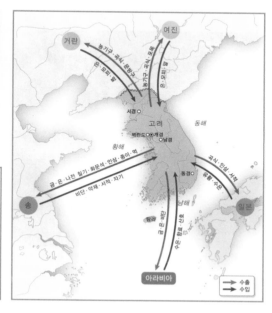

1 고려와 교류한 주변의 나라들을 지도에서 모두 찾아 쓰세요. 이 나라들 중 고려가 특히 활발하게 교류한 나라는 어느 나라인가요?

2 고려의 수출품과 수입품을 위의 지도에서 찾아 쓰세요.

> **수출품** _____

> **수입품** _____

3 위의 지도에서 벽란도와 개경을 이어 보세요. 벽란도가 국제 무역항으로 성장할 수 있었던 지리적 배경은 무엇인가요?

왜 벽란도라고 부르게 되었나요?

4 아라비아 상인들이 고려의 벽란도까지 온 바닷길을 지도에서 찾아 표시해 보세요. 이들은 고려를 무엇이라 불렀나요?

거란의 침입은 서희의 담판과 강감찬의 활약으로 물리치고, 여진의 침입은 윤관이 별무반을 만들어 물리쳤습니다.

거란의 침입 - 서희, 강감찬의 활약

고려가 차츰 안정되어 갈 무렵 북쪽의 거란이 세력을 키워 중국 북부를 차지하고 나라 이름을 '요'라고 했다. 중국 전체를 차지하려는 야심을 품고 있던 거란은 송나라를 치기 전에 고려와 송나라의 관계를 끊고 고려를 자기편으로 만들고자 국교를 요청했으나 고려는 발해를 멸망시킨 나라와 국교를 맺을 수 없다며 거절했다. 그러자 거란은 고려 성종 때 고려 북쪽 땅이 자신들의 땅이라는 핑계로 침입해

서희의 담판

왔다. 대부분의 고려 관리들은 항복하자고 했지만 서희는 거란이 송나라와의 전쟁으로 고려와 무리하게 전쟁을 벌이진 못할 거라는 속사정을 알아채고 거란 장수 소손녕과 담판을 벌였다. ㉠그 결과 거란은 스스로 고려에서 물러나고, 고려는 여진족을 몰아내고 강동 6주에 성을 쌓아 압록강까지 영토를 넓혔다. 하지만 고려가 송과의 관계를 끊지 않자 거란은 다시 쳐들어왔고, 양규가 이끄는 고려군이 일곱 차례에 걸친 전투 끝에 승리했다. 이후 거란이 세 번째로 쳐들어왔다. 강감찬은 거란 군사들이 강을 건널 때 막았던 강물을 터뜨려 큰 승리를 거두었고(흥화진 전투), 후퇴하는 거란군을 압록강 근처의 귀주에서 기다리고 있다가 크게 무찔렀다(귀주대첩).

여진의 침입 - 윤관의 별무반과 동북 9성

여진

거란이 세운 요나라가 힘을 잃어갈 무렵 여진족이 힘을 길러 고려의 국경 지역을 위협했다. 1104년 고려는 여진 정벌에 나섰으나 말을 타고 달리는 날쌘 여진 군사들한데 패배했다. 윤관은 여진을 이기려면 고려도 기병을 길러야 한다면서 별무반이라는 특수부대를 만들자고 건의했다. 3년 뒤 윤관은 별무반을 이끌고 여진을 물리쳐 동북 9성을 쌓았다. 여진족이 다시 침입하지 못하게 하고 함경도 지역이 고려의 영토임을 확실히 하기 위해 쌓은 것이다. 그후 여진은 동북 9성을 돌려 달라고 요청하였고, 동북 9성을 지키기가 힘들었던 고려는 돌려 주었다. 그후 여진족은 세력을 키워 1115년 금나라를 세웠다.

1 다음 지도를 보고 물음에 답하며 거란의 침입을 정리해 봅시다.

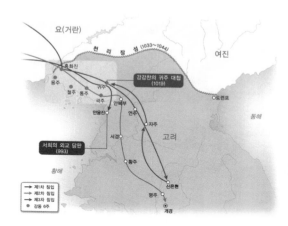

1 거란은 왜 고려와 친하게 지내고 싶어했나요? 고려는 왜 거란의 국교 제의를 거절했나요?

2 다음 서희의 담판 내용을 읽고, 서희가 어떻게 ㉠과 같은 성과를 얻어냈는지 말해 보세요. 지도에서 강동 6주를 찾아보세요.

> **소손녕**: 너희 나라는 신라 땅에서 일어났고, 고구려 땅은 이미 우리 영토인데 어찌 침범하는 것이오? 또 우리와 더 가까이 국경을 맞대고 있음에도 우리는 외면하고 어찌 송나라하고만 친하게 지내는 것이오?
>
> **서희**: 우리는 고구려를 계승한 나라라는 뜻으로 나라 이름도 고려라 했소. 거란이 고구려 땅에 살고 있으니 도리어 땅을 내놓아야 할 것이오. 또 압록강 안팎은 본래 우리 영토인데 여진이 차지하고 길을 가로막고 있기 때문이오. 만일 여진을 몰아내고 성을 쌓아 길이 통하게 된다면 어찌 그대들과 교류하지 않겠소?

3 거란이 고려를 다시 침입한 이유는 무엇인가요?

4 강감찬 장군이 거란을 크게 물리친 두 전투는 무엇인가요? 그 지역을 지도에서 찾아보세요.

2 다음은 윤관이 여진족을 물리친 뒤 확정된 국경선을 표시하는 비석을 세우는 것을 나타낸 그림입니다.

1 윤관이 별무반을 만든 이유는 무엇인가요?

2 윤관이 동북 9성을 쌓은 이유는 무엇인가요?

토론하기

다음은 외적의 침입에서 고려를 구한 분들입니다.
이들이 어떠한 방법을 이용하여 외적을 물리쳤는지 말풍선에 써 넣으면서
이들이 외적을 물리칠 수 있었던 힘이 무엇인지 토론해 보세요.

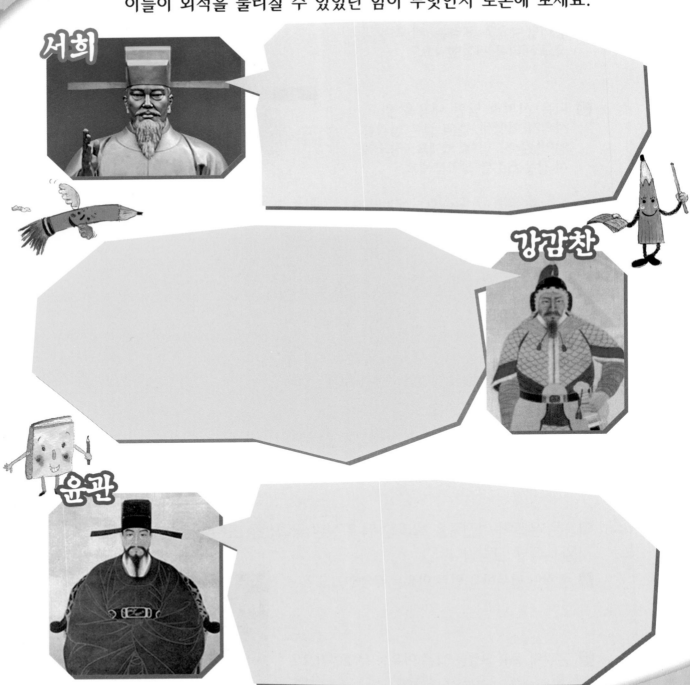

서희

강감찬

윤관

3 무신 정권과 대몽 항쟁

학습목표

- 무신 정변이 일어난 원인과 무신 집권기 고려 사회를 이해한다.
- 몽골의 침입과 대몽 항쟁, 공민왕의 개혁 정치를 이해한다.

학습내용

01 무신들의 세상
02 무신의 횡포에 항거한 백성들
03 몽골의 침입과 고려의 항쟁
04 공민왕의 개혁 정치

공부하고 스스로 평가하기

무신 정변이 일어난 배경과 무진 정권 시기 백성들의 삶의 모습을 말할 수 있다. ☆ ☆ ☆ ☆ ☆

무신의 횡포에 들고 일어난 천민들의 난에 대해 말할 수 있다. ☆ ☆ ☆ ☆ ☆

몽골의 침입과 대몽 항쟁에 대해 말할 수 있다. ☆ ☆ ☆ ☆ ☆

고려 말 공민왕의 개혁 정치에 대해 말할 수 있다. ☆ ☆ ☆ ☆ ☆

문벌 귀족이 권력을 독차지하자 이에 불만을 가진 무신들이 정변을 일으켜 100년 동안 무신 정권 시대가 이어졌습니다.

무신 정변(1170)

고려에서 벼슬을 독차지한 문벌 귀족의 대부분은 문신이었다. 이들은 백성들의 생활은 돌보지 않고 권력을 대물림하며 자기 재산 불리기에 혈안이 되어 백성들의 땅을 빼앗는 등 횡포를 일삼았고, 무신들을 차별했다. 전쟁 때 군대를 지휘하는 총사령관도 문신이 맡았고, 무신들은 그 밑의 낮은 직책만 맡았다. 문신은 무신의 재산을 함부로 빼앗고 멸시와 모욕도 서슴지 않았다. 이러한 오랜 차별과 문신 위주의 정치에 불만을 품고 있던 무신들은 1170년 의종을 쫓아내고 권력을 차지했다(무신 정변). 이후 무신들은 자기들끼리 서로 권력을 잡기 위해 싸웠다. 처음에는 정중부가 권력을 잡았다가 경대승, 이의민, 최충헌에게 차례로 권력이 넘어갔다. 이후 100여 년 동안 무신들이 권력을 잡은 이 시기를 무신 정권 시대라고 부른다.

무신 정권 시기 백성들의 삶

정권 초기 무신들은 백성을 위한 정치를 하고자 하였으나 시간이 지나면서 문벌 귀족처럼 자신들의 이익을 채우기에 바빴다. 무신들은 불법적으로 백성들의 토지를 빼앗고, 세금을 많이 거두는 등 횡포가 날로 심해졌다. 이러한 틈을 타 지방 관리들의 횡포까지 더해 백성들의 생활은 더욱 힘들었다. 당시 최고의 문장가였던 이규보의 시를 보면 무신 정권 시기에 백성들의 고달픈 삶의 모습을 알 수 있다.

고랑에 엎드리어 비 맞으며 김매니
거칠고 검은 얼굴 어찌 사람이리
왕손 공자들아 업수이 여기지 마라
㉠부귀 호사가 우리 손에 매였나니.

햇곡식 푸르러 채 익기 전에
관리며 서리들 조세를 매기도다
애써 지은 마음은 나라 위함이거늘
㉡어찌하여 우리네들 살까지 벗기려노.

ー이규보의 〈동국이상국집〉

1 다음 고려의 인물 중 '무신'은 누구인가요?

① 서희   ② 강감찬   ③ 정중부   ④ 윤관

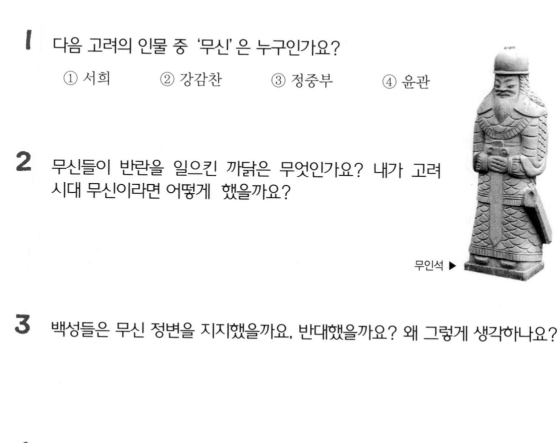

무인석 ▶

2 무신들이 반란을 일으킨 까닭은 무엇인가요? 내가 고려 시대 무신이라면 어떻게 했을까요?

3 백성들은 무신 정변을 지지했을까요, 반대했을까요? 왜 그렇게 생각하나요?

4 이규보의 시를 큰소리로 읽어 보고, ㉠과 ㉡이 무슨 뜻인지 설명해 보세요.

㉠

㉡

5 무신 정권 시대는 얼마 동안 이어졌나요?

무신 정권 시기 100년 동안 농민과 천민들이 들고 일어나 전국 곳곳에서 봉기가 끊이지 않았습니다.

망이 · 망소이의 난(1176.1)

충청남도 공주의 명학소라는 천민 부락에서는 망이와 망소이가 이끄는 반란이 일어났다. 명학소는 공주에 소속되어 있는 '소' 중 하나였다. '소'는 고려 시대의 특별 행정 구역으로 종이나 숯 같은 특산물을 만들어 나라에 바치는 곳이다. 소에 사는 사람들은 그 지역 안에서만 살게 하고, 세금을 과하게 걷는 등 일반 백성과 차별하여 생활이 더 어려웠다. 망이와 망소이는 소에 대한 차별을 없앨 것을 주장하며 낫과 몽둥이를 들고 무신 정권과 맞섰다. 난은 거세어져 충청도 곳곳으로 번졌으나 관군과의 싸움에서 패해 망이와 망소이가 붙잡히면서 끝이 났다. 하지만 그 뒤에도 농민과 천민의 반란은 계속 이어졌다.

노비 만적의 난(1198.5)

무신 정권 최고 권력자인 최충헌의 집에 만적이라는 노비가 있었다. 만적은 자기 주인인 최충헌이 천하의 권력자가 되는 것을 지켜보았다.

어느 날 나무를 하러 간 만적은 그 곳에 나무하러 온 수십 명의 노비들을 모아 놓고 말했다.

"무신들이 권력을 잡은 뒤 이 나라의 높은 벼슬아치는 우리 같은 천민에서도 많이 나왔다. 왕후장상의 씨가 따로 있는 것이 아니다. 때가 오면 누구나 다 할 수 있다. 왜 우리가 고달프게 일만 하면서 주인의 채찍에 시달려야 한단 말인가. 나는 우리 주인 최충헌을 죽일 테니 각자 자기 주인을 죽이고 노비 문서를 불태워 버리자. 노비 없는 나라가 되면 우리도 높은 벼슬을 할 수 있다!"

만적과 노비들은 노란 종이 수천 장을 'ㅜ(정)' 자 모양으로 오렸다가 정한 날짜에 그 노란 종이를 옷에 붙이고 흥국사 뜰에 모이기로 했다. 그런데 흥국사에 모인 노비가 얼마 안 돼 계획을 연기했는데, 겁이 난 한 노비가 자기 주인에게 일러바치는 바람에 들통이 나고 말았다. 최충헌은 만적 등 100여 명을 붙잡아 강물에 던져 죽여 버렸다. ㉠봉기는 실패로 끝났으나 노비로서 신분 제도를 정면으로 거부한 만적은 분명 시대를 앞서간 인물이 아닐까?

1 무신 정권 시기에 농민과 천민들의 봉기가 많아진 이유는 무엇인가요?

2 망이와 망소이의 난이 일어난 곳을 지도에서 찾아보세요. 망이와 망소이는 어느 마을에 살았나요?

3 망이와 망소이의 봉기 구호를 만들어 보세요.

4 위의 지도에서 만적의 난을 찾아보세요. 어느 지역에서 일어났나요? 그 곳은 어떤 곳인가요?

5 만적의 난의 구호를 만들어 보세요.

6 ㉠에 대한 내 생각을 말해 보세요.

몽골 제국의 침입을 받은 고려는 40년에 걸친 항전 끝에 결국 항복하고 원의 간섭을 받게 되었습니다.

몽골의 침입과 고려의 저항

처인성 전투(경기도 용인)

무신 정권이 들어선 지 60여 년이 지난 1231년 몽골이 압록강을 넘어 고려로 쳐들어왔다. 칭기즈 칸이 세운 몽골 제국은 중국뿐 아니라 중앙아시아와 유럽에 이르는 거대한 세계 제국이었다. 몽골을 당해 낼 수 없었던 고려 정부는 개경과 가깝고, 배를 이용해 세금을 거두기도 쉽고, 기마병 중심이라 해전에 약한 몽골군을 피해 강화도로 수도를 옮겼다. 관군의 대부분은 왕실을 지키기 위해 강화도에 있었기 때문에 백성들은 자신들을 보호해 주는 군대가 없는 상황에서 스스로 나라를 지켜야만 했다. 승려 김윤후가 이끄는 부대는 경기도 처인성(용인)에서 몽골군 총사령관 살리타를 쓰러뜨려 최강의 몽골군을 물리쳤고, 20여 년 뒤 몽골이 다섯 번째로 침입했을 때도 김윤후는 충주성에서 노비들을 이끌고 큰 승리를 거두었다. 이렇게 몽골군과 맞서 싸운 사람들은 고려의 관군이 아니라 고려의 농민과 천민들이었다. 고려 정부가 강화도에서 버티는 동안 국토는 쑥대밭이 되고 수많은 백성들이 죽거나 붙잡혀 갔다.

개경 환도와 삼별초의 항쟁

고려가 항복하지 않고 전쟁이 자꾸 길어지자 몽골은 고려에 화해를 제안했고, 전쟁에 지친 고려도 이를 받아들여 전쟁이 일어난 지 30년 만인 1261년 고려는 몽골과 강화 조약을 맺었다. 1270년 왕은 강화도로 옮겨간 지 38년 만에 개경으로 돌아왔다. 하지만 무신 정권의 호위 부대였던 삼별초는 끝까지 개경으로 돌아가는 것을 반대하고 몽골에 저항했다. 삼별초의 대장 배중손은 진도로 내려가 용장성을 쌓고 그 안에 궁궐과 관청을 짓고 항쟁을 계속했지만 고려와 몽골 연합군한테 함락되었다. 그 과정에서 배중손이 죽자 김통정이 삼별초를 이끌고 탐라(제주도)로 옮겨가 항파두리성을 쌓고 여원 연합군에 맞서 싸웠지만 끝내 무너지고, 4년에 걸친 삼별초의 항쟁은 막을 내렸다.

1 다음 지도를 보고 물음에 답하며 대몽 항쟁의 과정을 이해합시다.

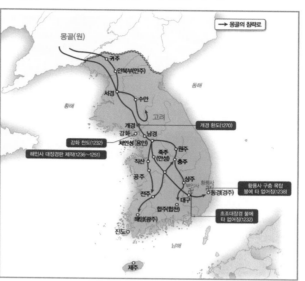

1 다음 낱말을 이용하여 고려 정부가 수도를 강화도로 옮긴 이유를 설명해 보세요. 지도에서 강화도에 있는 고려 궁궐을 찾아보세요.

 섬　　 개경　　 세금　　 기마병

2 몽골과 직접 맞서 싸운 사람은 누구인가요?

3 삼별초의 이동 경로를 정리하고 지도에서 찾아 표시해 보세요.

강화도 ➡ ◯◯◯◯◯ ➡ ◯◯◯◯◯

2 다음 연표를 만들며 몽골의 침입과 대몽 항쟁 과정을 정리해 보세요.

1170	1231	1232	12월 김윤후	1261	1270
무신정변	침입	천도	전투	조약	환도

고려의 31대 왕인 공민왕은 원나라의 간섭을 벗어나기 위해 몽골 풍습을 없애고 백성들을 위한 개혁 정치를 펼쳤습니다.

원 간섭기의 고려 사회 모습

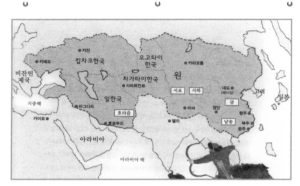

몽골과 강화 조약을 맺은 후 고려는 원나라(몽골은 1271년 나라 이름을 '원'으로 바꿈)의 간섭을 받게 되었다. 고려의 왕들은 원나라 공주를 왕비로 맞아야 했고, 고려의 왕자들은 어려서부터 원나라에 가서 살다가 원나라 공주와 결혼해서 고려로 돌아와 왕위에 올랐다. 원의 간섭을 받은 시기의 고려 왕의 이름 앞에는 원나라에 충성한다는 뜻으로 모두 '충' 자가 붙어 있다. 충렬왕, 충선왕, 충숙왕, 충혜왕, 충목왕, 충정왕, 공민왕 순으로 이어졌다. 또한 고려에 몽골 문화가 들어와 몽골어, 몽골 머리 모양인 변발과 몽골 복장이 널리 퍼져 나갔다. 변발은 이마부터 정수리까지 머리카락을 밀어버리고 뒤통수에 있는 머리만 남겨 길게 땋아 내리는 머리 모양인데, 고려의 머리 모양과는 아주 달랐다. 이런 풍습을 몽골풍이라고 한다.

공민왕의 개혁 정치

공민왕은 다른 고려 태자들처럼 원나라에서 살다가 22살 때 원나라 공주인 노국대장공주와 결혼해 고려로 돌아와 왕위에 올랐다(1330). 변발을 하고 몽골 옷을 입은 채로. 하지만 공민왕은 돌아오자마자 원나라의 간섭에서 벗어나기 위해 당시 유행하던 몽골식 풍습을 금지하고 고려의 전통을 되살렸다. 왕비인 노국대장공주는 원나라 공주이지만 공민왕과 아주 사이가 좋아서 공민왕

공민왕과 노국대장공주 초상
(서울 종묘 공민왕 사당)

을 지지해 주었다. 또한 공민왕은 원나라한테 빼앗은 우리 땅인 철령 이북 땅을 되찾아 나라의 힘을 다시 키우고자 노력하였다. 이렇게 원나라의 간섭에서 벗어난 공민왕은 백성들을 위한 개혁 정치를 펼쳤으나 귀족들의 반대로 실패로 끝나고 말았다. 이 시기 고려는 문익점이 목화 재배에 성공하면서 무명을 사용하

공민왕과 노국대장공주의 무덤(개성시 개풍군)

게 되었다. 삼베보다 부드럽고 비단보다 값이 싼 무명은 고려 사람들의 의생활을 크게 변화시켰다. 또 최무선이 화약 만드는 방법을 알아내고 여러 가지 화포를 만들어 왜구를 크게 무찌르기도 하였다.

1 몽골은 나라 이름을 무엇으로 바꾸었나요?

2 원 간섭기에 고려에 들어온 몽골 풍습을 무엇이라고 부르나 요? 다음과 같은 몽골 머리 모양을 무엇이라 부르나요?

3 공민왕의 개혁 정치에 대해 살펴봅시다.

1 공민왕의 이름에는 왜 충 자가 들어가지 않나요?

2 공민왕의 부인은 어느 나라 사람인가요? 이름은 무엇인가요?

3 공민왕이 되찾은 땅을 지도에서 찾아 표시해 보세요.

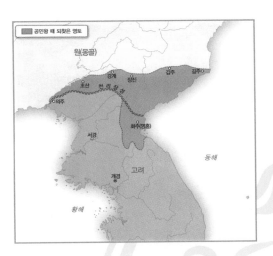

4 공민왕의 정책을 배원 자주 정책이라 고 부릅니다. 무슨 뜻인가요?

排 元 自 主
밀칠 배 나라이름 원 스스로 자 주인 주

5 공민왕의 개혁 정치가 실패한 이유는 무엇인가요?

편지 쓰기

몽골의 침입을 받자마자 고려 정부는 강화도로 수도를 옮기고
그 곳에 궁궐을 짓고 생활했습니다. 육지에 남은 고려 백성들은
세계 강대국인 몽골과 목숨을 걸고 싸웠습니다.
당시 고려 백성이 되어 고려의 왕한테 보내는 편지를 써 보세요.

4 고려의 문화

학습목표

• 팔만대장경과 금속활자를 통해 고려의 발달한 인쇄 과학 기술을 이해한다.
• 고려청자와 고려의 불교 미술을 통해 발달한 고려의 문화를 이해한다.

공부하고 스스로 평가하기

○ 고려 사람들이 팔만대장경을 만든 이유를 말할 수 있다. ☆☆☆☆☆

○ 목판 인쇄와 금속활자 인쇄의 차이점을 말할 수 있다. ☆☆☆☆☆

○ 고려청자 만드는 법과 이름 붙이는 법을 말할 수 있다. ☆☆☆☆☆

○ 고려의 다양한 불교 미술품에 대해 말할 수 있다. ☆☆☆☆☆

고려는 부처님의 힘으로 외적을 물리치고자 〈대장경〉을 세 번 만들었습니다. 그 중에서 지금까지 전해지는 〈팔만대장경〉에 대해 알아봅시다.

〈팔만대장경〉(1237~1251) - 국보 32호

고려는 거란, 여진, 몽골 등 외적의 침략을 많이 받았다. 그 때마다 고려 사람들은 부처님의 힘으로 외적을 물리치고자 세 번에 걸쳐 '대장경'을 만들었다. 대장경이란 부처님의 말씀을 모아 놓은 책을 말한다. 첫번째는 고려 현종 때 만든 〈초조대장경〉(1011~1029)으로 18년이나 걸려 만들었다. 두 번째는 문종 때 만든 〈고려속장경〉인데, 문종의 넷째아들인 대각국사 의천 스님이 중심이 되어 만들었다. 그런데 안타깝게도 외적의 침입 과정에서 다 없어지고 일부만 일본에 보관되어 있다. 세 번째는 부처님의 힘으로 몽골을 물리치고자 강화도에서 만든 〈팔만대장경〉이다. 나무판 수가 8만여 개, 8만 4천의 법문을 수록했다 하여 〈팔만대장경〉이라 부르고, 고려 시대에 만들어져 '고려대장경'이라고도 한다. 그 많은 양의 대장경을 쓰려면 수백 명이 동원되었을 텐데 마치 한 사람이 쓴 것처럼 글씨체가 일정해 매우 아름답다.

팔만대장경 보관 창고 - 장경각(국보 52호)

〈팔만대장경〉은 원래 강화도에 있다가 조선 시대에 해인사로 옮겨왔다. 팔만대장경의 나무판이 700년이 넘도록 썩지 않고 그대로 보존될 수 있었던 것은 〈팔만대장경〉의 보관 창고인 '장경각'의 신비로운 구조 때문이다. 나무로 만든 대장경을 썩지 않게 잘 보존하려면 습도와 통풍이 무엇보다 중요하다. 습도가 너무 높으면 금방 썩어 버리고, 습도가 너무 낮으며 나무판이 갈라져 버리기 때문이다. 그래서 장경각 바닥을 숯과 소금, 황토를 차례로 다져서 만들고, 그 위에 공간을 두어 습도를 조절하고 해충의 피해를 줄였다. 위아래 창문 크기도 서로 다르게 만들어 바람이 안으로 들어가서 위아래로 돌아나오게 하여 비가 와도 습기가 차지 않고 겨울에도 스스로 적당한 온도를 유지할 수 있게 했다. 이 장경각 건물은 가장 자연적이면서 과학적인 통풍 방법으로 평가받고 있다. 1488년 조선 성종 때 지어진 이 건물은 측면 2칸에 정면이 15칸인데, 조선 시대 건물이지만 현대의 건축 기술로도 흉내낼 수 없는 과학적인 건물이다.

1 대장경이란 무엇인가요? 고려는 대장경을 몇 번 만들었나요?

초조대장경   속장경   팔만대장경

2 다음 〈팔만대장경〉은 어디에서, 누가, 왜 만들었나요?

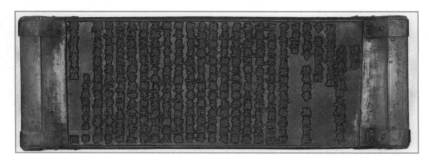

3 왜 팔만대장경, 고려대장경이라고 부르나요?

4 다음 〈팔만대장경〉을 보관하고 있는 장경각 건물에서 〈보기〉를 찾고, 그 기능을 말해 보세요.

| 보기 | 대장경, 창문(위창문, 아래창문), 창살, 바닥 |

O2 금속 활자 : 직지(1377)

고려는 발전된 목판 인쇄술로 〈팔만대장경〉을 만들고, 금속 활자 인쇄로 〈직지〉를 만들었습니다.

목판 인쇄술 – 신라 〈무구정광대다라니경〉

인쇄술이 발명되기 전에는 사람이 손으로 일일이 글자를 베껴 써서 책을 만들었다. 그래서 책 한 권이 만들어지면 또 다른 사람이 그 책을 빌려다가 처음부터 끝까지 손으로 베꼈다. 통일신라 시대에 불교가 널리 퍼져 부처님의 가르침이 담긴 불교 경전에 대한 수요가 많아지자, 8세기 초 신라의 기술자들은 나무판에 글자를 새긴 뒤 먹을 칠해서 책을 찍어내는 목

판 인쇄술을 발명했다. 목판 인쇄술은 많은 양의 책을 찍어 낼 수 있는 위대한 발명이었다. 이때 찍어낸 것이 세계에서 가장 오래된 목판 인쇄물인 〈무구정광대다라니경〉(국보 126호, 석가탑에서 발견)이다.

고려 시대에도 목판 인쇄는 꾸준히 이루어졌다. 특히 부처의 힘으로 몽골의 침략을 막으려는 소망으로 16년에 걸쳐 만든 〈팔만대장경〉은 글자의 모양이 고르고 아름다워 일찍부터 발달한 우리나라의 목판 인쇄술을 잘 보여 주고 있다. 그러나 목판 인쇄술은 단점이 많았다. 글자를 새긴 목판이 갈라지고 부피가 커서 보관하기 어려웠고, 또 다른 책을 찍을 때는 다시 새로운 나무판에 글자를 새겨야 해서 불편했다.

금속 활자 인쇄술 – 고려 〈직지심체요절〉

이러한 단점 때문에 고려 시대에는 금속 활자를 발명했다. 활자는 한번 쓰고 마는 글자가 아니라 다시 낱글자를 조립하여 쓸 수 있어 편리했다. 금속 활자는 금속으로 만들었기 때문에 오래 보관하기 쉬웠고, 여러 종류의 책을 인쇄할 수 있

었다. 금속 활자로 찍은 최초의 책은 1234년에 발간된 〈상정고금예문〉이다. 하지만 〈상정고금예문〉은 기록에만 남아 있고 현재 전해지지 않는다. 〈직지〉는 1377년 공민왕 때 청주 흥덕사에서 승려 백운화상이 부처님의 가르침을 책으로 만든 것인데, 전 세계에 남아 있는 금속 활자로 인쇄된 책 중에서 가장 오래된 것으로, 2001년 유네스코 세계 기록 유산에 등재되었다. 이는 독일 구텐베르크의 활자보다 78년이나 앞선다. 현재 전해지는 것은 하권 1책뿐인데, 1900년대 말 콜랭 드 플랑시가 프랑스로 가져갔다가 경매를 통해 앙리 베베르가 구입했고, 그가 죽으면서 프랑스 국립 도서관에 기증해 현재 프랑스 국립 도서관에 소장되어 있다.

1 활자란 무엇인가요?

活 字
살 활   글자 자

활자 : 네모기둥 모양의 금속 윗면에 문자나 기호를
볼록 튀어나오게 새긴 것

2 다음 글자판 중 목판과 활판을 구별하고, 목판 인쇄술과 활판 인쇄술이 어떻
게 다른지 설명해 보세요.

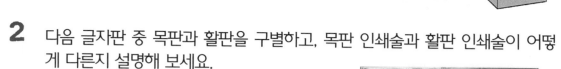

활판 : 활자로 된 인쇄판을 말한다.

3 인쇄술의 발달에서 다음 두 책이 갖는 의미를 말해 보세요.

《무구정광대다라니경》

《직지심체요절》

4 〈상정고금예문〉은 독일 구텐베르크의 활자보다 얼마나 더 빠른가요?

고려는 조상들의 토기 기술을 바탕으로 송나라의 기술을 받아들여 고려만의 독특한 기술로 상감청자를 만들었습니다.

고려청자 - 상감청자

　고려는 조상들의 토기 기술을 바탕으로 중국 송나라의 청자 기술을 받아들여 청자를 더욱 발전시켜 세계 제일의 공예품인 고려청자를 만들어냈다. 특히 고려청자 중 상감청자가 유명한데, 상감청자는 청자에 상감이라는 기법의 무늬를 새겨 넣은 도자기를 말한다. 상감 기법은 이미 금속공예에서 사용하던 방법이었는데 상감 기법을 도자기에 응용한 것은 중국이나 일본에는 없는 고려만의 독특한 기법이다. 먼저 그릇 표면에 무늬를 파낸 뒤 파낸 부분에 흙(백토, 흑토)을 채워 넣고 다듬어 유약을 입혀 굽는다. 그러면 청자 바탕에 아름다운 흰색이나 검은색 무늬가 새겨진다. 고려 사람들은 이처럼 도자기에 색이 다른 무늬를 그려 넣음으로써 도자기를 한 차원 높은 예술품으로 만들었다. 음식을 보관하는 항아리, 주전자, 찻잔, 접시뿐 아니라 베개, 의자, 향로, 벼루, 연적 등 고려청자는 다양한 생활용품으로 만들어져 널리 사용했다.

Ⅰ 다음 그림 설명을 써 넣고, 고려청자 만드는 과정을 설명해 보세요. 이 중 상감 기법은 어느 과정인가요?

2 도자기 이름을 보면 그 도자기에 대한 정보를 알 수 있습니다. 다음 도자기 이름 붙이는 방법을 읽고, 고려청자에 이름을 붙여 보세요.

1. 청자 : 맨 앞에 청자를 나타낸다

2. 기법 : 기법을 나타내는 말을 쓴다(상감, 양각, 투각 등)

상감 : 무늬를 새기고 새긴 자리에 다른 색 흙을 넣는 방법

양각 : 무늬가 겉으로 도드라지게 바탕을 깎아내는 방법

음각 : 무늬가 안으로 들어가도록 새기는 방법(그릇 표면에 무늬를 새기는 방법)

투각 : 윤곽만 남겨 놓고 나머지 부분은 파서 구멍이 나도록 만드는 방법

3. 무늬 : 도자기에 표현된 동식물의 무늬를 표시한다.
(모란 무늬, 대나무 무늬, 포도동자 무늬, 칠보 무늬 등)

4. 용도 : 그릇의 용도를 쓴다.(항아리, 주전자, 향로 등)

고려는 불교의 나라답게 불교 미술이 발달했습니다. 고려의 불교 미술을 감상해 봅시다.

1 다음은 둘 다 고려 초기의 불상들입니다. 어떤 분위기가 느껴지나요? 이 두 불상의 다른 점을 찾아보세요.

키

재료

불상이름

자세

얼굴

머리

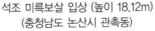

석조 미륵보살 입상 (높이 18.12m)
(충청남도 논산시 관촉동)

철조 석가여래 좌상(높이 2.88미터)
(경기도 하남시 춘궁리)

2 부석사는 신라 시대에 지은 절을 고려 시대에 새로 고쳐 지은 것으로, 부석사에 있는 무량수전은 오래된 목조 건축물 중 하나입니다. 무량수전에서 배흘림기둥을 찾고, 민흘림기둥과 원통형기둥이 무엇인지 상상해 보세요.

부석사의 무량수전(경상북도 영주)

배흘림기둥

민흘림기둥

원통형기둥

3 고려 석탑은 신라 석탑에 비해 층수와 모양이 다양합니다. 다음 고려 석탑이 ●각 ●층 탑인지 세어 보세요.

월정사 ● 각 ● 층 석탑
(국보48호)

경천사지 ● 층 석탑
(국보86호)

4 고려 불화는 주로 왕실과 귀족들의 주문을 받아 그렸기 때문에 매우 화려합니다. 특히 아미타불과 관음보살을 많이 그렸는데, 고려 귀족들은 무슨 소원을 빌었을까요?

아미타 불화

수월관음도(관음보살불화)

아미타불은 서방 극락 세계의 주인이야.

관음보살은 중생의 소원을 들어주는 보살이야.

역사 상상력 업

문화재 소개하기

이번 시간에 배운 고려 시대의 문화재 중
가장 마음에 드는 문화재를 하나 골라 보세요.
그 문화재가 왜 마음에 들었는지 그 이유를 생각하면서 문화재를 소개해 보세요.

문화재 이름

문화재 그리기

문화재 소개

[제11회 초급 12번문제]

1. 다음은 태조 왕건의 훈요 10조의 일부이다. 이와 관련된 내용으로 볼 수 없는 것은? [3점]

> **1조** 불교의 힘으로 나라를 세웠으므로, 사찰을 세우고 주지를 파견하여 불도를 닦도록 하라.
> **2조** 도선의 풍수 사상에 따라 사찰을 세우고, 함부로 짓지 마라.
> **4조** 우리나라와 중국은 지역과 사람의 인성이 다르므로 중국 문화를 반드시 따를 필요가 없다.
> **5조** 서경을 중요시하라.

① 불교 장려　　　　② 유교 수용

③ 자주 의식 표방　　④ 북진 정책 추진

[제13회 초급13번 문제]

2. 다음 여행지와 같은 절에서 이루어진 고려 시대 경제 활동에 대한 설명으로 옳지 않은 것은? [3점]

이곳은 고려 시대에 스님들이 수행하던 송광사입니다.

① 여행자를 위한 숙박 시설을 운영하였다.

② 땅과 곡식을 빌려주고 높은 이자를 받았다.

③ 솟대를 세워 소유한 땅의 경계를 표시하였다.

④ 물건을 사고팔기 위해 많은 사람들이 모여들었다.

[제11회 초급 15번문제]

3. 다음 고려 시대의 (가) ~ (라) 지역에 대한 설명으로 옳은 것을 〈보기〉에서 고른 것은? [3점]

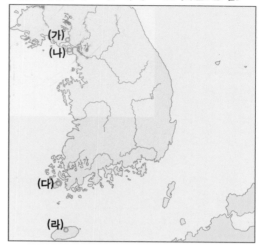

──────〈 보 기 〉──────
ㄱ. (가) – 아라비아 상인과 교역한 국제 무역항이다.
ㄴ. (나) – 서희의 외교 담판이 이루어진 곳이다.
ㄷ. (다) – 삼별초 항쟁의 근거지이다.
ㄹ. (라) – 팔만대장경이 제작된 곳이다.

① ㄱ, ㄴ　　② ㄱ, ㄷ　　③ ㄴ, ㄷ　　④ ㄴ, ㄹ

[제14회 초급 11번 문제]

4. 다음 사건이 일어난 시기를 연표에서 옳게 고른 것은? [2점]

> 최충헌의 노비 만적은 신분 제도에 불만을 품고, '장군과 재상이 어찌 종자가 따로 있으랴' 라고 하며 난을 일으켰다. 이는 비록 실패하였으나, 자신의 권리를 찾으려는 백성들의 힘을 보여 주었다.

918		993		1170		1231		1392
	(가)		(나)		(다)		(라)	
고려 건국		거란 침입		무신 정변		몽골 침입		고려 멸망

① (가)　　　　　　　② (나)

③ (다)　　　　　　　④ (라)

MEMO(알림장)

이 곳에 가고 싶어요

이번 달에 배운 유적지 중 가장 가보고 싶은 곳 하나를 골라
답사 계획서를 작성해 보세요.

유적지	
유적지 주소	
답사 예정 날짜	함께할 사람
가보고 싶은 이유	
더 조사하고 싶은 내용	

답사 여행을 다녀와서

재미있게 답사를 잘 다녀왔지요? 보고서로 정리하면
더욱더 잊혀지지 않는 추억이 된답니다.

이름		날짜	년 월 일

유적지 이름	

같이 간 사람	

내가 본 유물과 유적	

느낀 점	

더 알고 싶은 점	

1차시 고려 건국, 후삼국 통일　03쪽~

01. 후삼국 시대가 열리다!

1. – 왕위 다툼과 농민 봉기
   – 지도에서 한반도 동남부에 있는 신라를 표시한다.
2. 호족
3. 각각 백제와 고구려를 계승한 나라란 것을 보여주기 위해서
4. 박혁거세 – 신라 – 금성 – 경주 /
   견훤 – 후백제 – 완산주 – 전주 /
   궁예 – 후고구려 – 송악 – 개성
5. (왕건은 송악의 호족이어서) 송악 지역은 왕건의 세력이 강한 곳이기 때문에

02. 왕건의 후삼국 통일

1. 918 고려 건국 / 919 송악 천도 / 927 공산 전투 / 930 고창 전투 / 935 견훤 항복, 신라 멸망 / 936 후백제 멸망
2. 신라의 통일은 당나라의 힘을 빌렸지만 고려는 외세의 힘을 빌리지 않았다. / 후백제와 신라, 발해 유민까지 받아들였기 때문에 진정한 민족 통일이라 할 수 있다.
3. 자유롭게 자신의 생각을 말해 본다.(예: 새로운 임금님은 우리 후백제 백성들도 배고프지 않게 잘 보살펴 주겠지.)

03. 태조 왕건의 정책

1. 호족 세력
2. 호족의 지지를 얻기 위해 그 딸들을 아내로 맞이했기 때문에
3. 민족 통합 정책 : 신라, 후백제, 발해 유민들을 고려로 끌어들이기 위해서
   불교 중시 정책 : 후삼국으로 갈라져 전쟁을 치른 백성들의 상처 입은 마음을 하나로 모으기 위해서
   북진 정책 : 고구려의 옛 땅을 되찾아 고려가 고구려를 계승한 나라임을 보여주기 위해서
4. 열 가지 중요한 가르침, 후대 왕들이 나라를 어떻게 이끌어 나가야 할지 가르치는 열 가지 지침
5. ❶ 1조, 6조 ❷ 4조 ❸ 5조

04. 고려 체제 정비(광종, 성종)

1. 노비안검법 : 노비를 검사해 억울하게 노비가 된 사람들을 양인 신분으로 풀어주는 법(호족들이 데리고 있던 노비들이 양민이 되면 호족의 힘은 그만큼 약화되고 세금을 내는 양민이 늘어나 왕의 힘은 더 강해진다.) /
   과거제 : 신분에 관계 없이 능력에 따라 관리를 뽑는 제도(귀족의 자식이라고 무조건 관리가 되는 게 아니라 과거를 통해 관리로 등용된 사람들은 자신을 뽑아준 왕에게 충성하기 때문에 왕의 힘이 더 강해진다.)
2. 중앙과 지방의 차별이 줄어들었다.
3. 왕의 처신 : 1, 7 / 정치 제도 : 3, 4, 8 /
   유교 강조, 불교 경시 : 2, 5, 6

2차시 고려의 사회 모습　13쪽~

01. 고려는 불교의 나라

1. 연등회 : 곳곳에 연등을 달고 밤새 행렬을 지어 돌아다니며 부처님께 불공을 드리는 행사 /
   팔관회 : 매년 가을 추수가 끝난 후 산천의 신령님께 드리는 제사, 외국 사신들도 참여했다.
2. 백성들에게 호족의 힘을 과시하고 백성들의 마음을 얻기 위해서
3. ❶ X ❷ O ❸ X ❹ X ❺ X ❻ O

02. 고려 사람들의 생활

1. ㉠ 귀족, ㉡중류층, ㉢양인, ㉣천민 / 문벌 귀족, 중류층, 양인, 천민(화척은 도살업자, 진척은 뱃사공, 재인은 광대를 말한다.)
2. 농민 : 그림 왼편 / 밭을 갈고, 벼를 베고 낟알을 주워 담고 있다.
   귀족 : 그늘에 앉아 추수를 감독하고 있다.
3. ❷ 결혼하면 남자는 여자 집에 가서 살았다. ❸ 결혼한 뒤에도 재산을 보호받고 마음대로 처리할 수 있었다. ❹ 이혼과 재혼이 가능했다. ❺ 아들과 딸이 똑같이 재산을 상속받았다.

03. 국제 무역항 벽란도

1. ❶ 송, 거란, 여진, 일본, 아라비아 상인 / 송
   ❷ 수출품 : 농기구, 곡식, 문방구, 삼베, 모시, 인삼, 돗자리, 부채, 나전칠기, 책, 포목
   수입품 : 비단, 옥, 차, 약재, 책, 악기, 은, 모피, 말, 수은, 향료, 산호, 유황
   ❸ 지도에서 벽란도와 개경을 찾아 이어본다. / 고려 수도 개경과 가까이 있기 때문에 / 예성항에 있던 벽란정의 이름을 따서 벽란도라고 불렀다.
   ❹ 아라비아 반도에서 인도, 동남아시아, 중국을 지나오는 바닷길을 표시한다. / 코레아

04. 거란과 여진을 물리치다!

1. ❶ 거란 : 송나라와의 전쟁 전에 고려를 자기편으로 만들기 위해서 / 고려 : 거란은 발해를 멸망시킨 나라이기 때문에
   ❷ 고려가 고구려를 계승한 나라임을 밝히고 고구려의 영토인 압록강 안팎을 여진이 차지하고 있어 거란과 교류하지 못한다고 말했기 때문에 / 지도 오른쪽 위 강동 6주를 찾아본다.
   ❸ 고려가 송과의 관계를 끊지 않았기 때문에
   ❹ 흥화진 전투, 귀주 대첩 / 지도 왼쪽 위 흥화진과 귀주를 찾아본다.
2. ❶ 말을 타고 달리는 날쌘 여진 군사들을 이기기 위해서
   ❷ 여진족이 다시 고려를 침입하지 못하게 하고 함경도 지역이 고려 영토임을 확실히 하기 위해서

예시답안

01. 무신들의 세상

1. ③
2. 문신들 밑에서 낮은 직책만 맡고 차별을 받았기 때문에 / 자신의 생각을 자유롭게 말해 본다.
3. 자신의 생각을 자유롭게 말해 본다. (예: 문벌 귀족의 횡포가 심해 처음에는 지지했을 것이다.)
4. ㉠ 백성들이 낸 세금 덕분에 지배층이 안락한 삶을 살 수 있다.
   ㉡ 지배층은 백성들의 토지를 빼앗고, 세금을 많이 거두는 등 백성들의 생활을 힘들게 한다.
5. 100년

02. 무신들의 횡포에 항거한 백성들

1. 무신들이 세금을 과하게 거두었기 때문에
2. 지도에서 충청남도 공주의 명학소를 찾아본다. 명학소
3. 자유롭게 봉기 구호를 만들어 본다. (예: 일반 백성과 소를 차별하지 마라! / 세금을 많이 거두지 마라!)
4. 개경 / 고려의 수도
5. 자유롭게 구호를 만들어 본다. (예: 왕후장상의 씨가 따로 있는 것이 아니다. 누구나 높은 벼슬을 할 수 있다! / 주인을 죽이고 노비 문서를 불태워 자유를 얻자!)
6. 자유롭게 자신의 생각을 말해 본다.

03. 몽골의 침입과 고려의 항쟁

1. ❶ 강화도는 수도 개경과 가깝고, 배를 이용해 세금을 거두기도 쉽고, 기마병이 많아 해전에 약한 몽골군을 피하기 알맞은 섬이기 때문에 / 대몽항쟁기 강화도 지도에서 궁궐을 찾아본다.
   ❷ 백성들(관군이 아니라 농민과 천민들)
   ❸ 진도 → 제주도
2. 1231 몽골 침입 / 1232 강화도 천도 / 12월 김윤후 처인성 전투 / 1261 강화 조약 / 1270 개경 환도

04. 공민왕의 개혁 정치

1. 원
2. 몽골풍, 변발
3. ❶ 충은 몽골에 충성한다는 의미이기 때문에
   ❷ 몽골 / 노국대장공주
   ❸ 지도에서 의주, 초산, 강계, 장진, 갑주, 길주, 화주가 포함 된 땅을 표시한다.
   ❹ 원나라의 간섭에서 벗어나 고려의 전통을 되살리는 정책
   ❺ 귀족들이 반대했기 때문에

01. 팔만대장경(1236~1251)

1. 부처님 말씀을 모아 놓은 책 / 3번
2. 어디에서 : 강화도 / 누구 : 고려 사람들 / 왜 : 부처님의 힘으로 몽골을 물리치기 위해서
3. 팔만대장경 : 나무판 수가 8만여 개, 8만 4천의 법문을 수록해서 / 고려대장경 : 고려 시대에 만들어서
4. 대장경 : 부처님의 말씀을 모아 놓은 책 / 창문, 창살 : 바람이 안으로 들어가 위아래로 돌아 나오게 해 비가 와도 습기가 차지 않고, 겨울에도 적당한 온도를 유지한다. / 바닥 : 습도를 조절하고 해충의 피해를 줄인다.

02. 금속활자 : 직지(1377)

1. 살아 있는 글자, 한 글자씩 조각해 새긴 것
2. 왼쪽 : 목판(목판 인쇄술 : 나무판에 글자를 새긴 뒤 먹을 칠해서 책을 찍어 낸다.) /
   오른쪽 : 활판(활판 인쇄술 : 원하는 내용에 맞춰 활자를 조립해서 먹을 칠해 책을 찍어 낸다.)
3. 무구정광대다라니경 : 세계에서 가장 오래된 목판 인쇄물 / 직지심체요절 : 현존하는 가장 오래된 금속활자본
4. 221년

03. 고려청자

1. ❶ 흙 반죽 하기, ❷ 그릇 모양 만들기, ❸ 무늬 새기기(무늬 새기고 새긴 자리에 다른 색 흙 넣기) ❹ 초벌구이(그늘에서 말린 후 굽기) ❺ 유약 바르기, ❻ 마침구이(더 높은 온도에서 굽기) / 상감 기법 과정 : ❸번 과정
2. 청자 상감 모란 무늬 항아리 / 청자 양각 대나무 무늬 주전자 / 청자 상감 포도동자 무늬 주전자 / 청자 투각 칠보 무늬 향로

04. 불교미술

1. – 키 : 18.12m / 2.88m
   – 재료 : 돌 / 철
   – 불상 이름 : 미륵보살 / 석가여래
   – 자세 : 서있는 입상 / 앉아있는 좌상
   – 얼굴 : 눈, 코, 입이 선명하다 / 반쯤 감은 눈과 높고 작은 코, 작은 입
   – 머리 : 관을 쓴 큰 머리 / 작은 머리
2. 배흘림기둥 : 중간이 굵고 위 ·아래로 가면서 점차 가늘게 된 기둥 / 민흘림기둥 : 아래가 더 굵고 위로 올라가면서 두께가 서서히 좁아지는 기둥 / 원통형기둥 : 위부터 아래까지의 두께가 똑같은 기둥
3. 월정사 8각 9층 석탑 / 경천사지 10층 석탑
4. 불화는 주로 부유한 귀족들의 주문으로 만들어졌으니 당시 고려 귀족들의 소원이 무엇이었을지 상상하며 자유롭게 말해 본다. (아미타불 : 죽은 다음에 지금처럼 좋은 곳에 갈 수 있게 해주세요. / 관음보살 : 지금처럼 편안하고 행복하게 살 수 있게 해주세요.)

기출문제풀어보기 1. ② 2. ③ 3. ② 4. ③　43쪽